Frédéric Mercey

Le musée étrusque du Vatican

Beaux-Arts

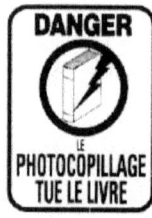 Le code de la propriété intellectuelle du 1er juillet 1992 interdit en effet expressément la photocopie à usage collectif sans autorisation des ayants droit. Or, cette pratique s'est généralisée dans les établissements d'enseignement supérieur, provoquant une baisse brutale des achats de livres et de revues, au point que la possibilité même pour les auteurs de créer des œuvres nouvelles et de les faire éditer correctement est aujourd'hui menacée. En application de la loi du 11 mars 1957, il est interdit de reproduire intégralement ou partiellement le présent ouvrage, sur quelque support que ce soit, sans autorisation de l'Éditeur ou du Centre Français d'Exploitation du Droit de Copie , 20, rue Grands Augustins, 75006 Paris.

ISBN : 978-1975711665

10 9 8 7 6 5 4 3 2 1

Frédéric Mercey

Le musée étrusque du Vatican

Beaux-Arts

Table de Matières

I. LES STATUES ET LES TERRES CUITES. 6
II. LES VASES. 13
III. LES BIJOUX, LES BRONZES, LES MEUBLES. 19
IV. LES SÉPULTURES ÉTRUSQUES. 23
NOTES. 27

I. LES STATUES ET LES TERRES CUITES.

Quoique veuve de ses grands artistes, l'Italie est toujours le pays des arts ; malgré sa misère, elle en a conservé le culte onéreux, et le goût pour le beau y est toujours populaire et traditionnel. Seulement l'expression de ce goût n'est plus la même que par le passé. A l'époque de la production a succédé celle du classement. Si les grands praticiens sont rares, les gens de goût abondent ; ils mettent de l'ordre dans les richesses accumulées pendant tant de siècles sur cette terre privilégiée, et s'ils ne créent pas nos jouissances, ils les rendent plus faciles.

Depuis le commencement du siècle surtout, on s'occupe sérieusement à reconnaître et à classer les riches débris de tout genre qu'ont laissés après eux les grands peuples civilisés qui se sont succédés sur le sol de l'Italie, les Italo-Grecs dans le sud, les Etrusques et les Ligures dans le nord, et les Romains dans toute l'étendue de la péninsule.

Le musée des *Studi* (ancien musée Portici) contient les restes les plus curieux de la civilisation sicilienne et italo-grecque. Par suite des découvertes d'Herculanum et de Pompeïa, dans quelques-unes de ses salles la civilisation romaine semble rétablie jusque dans ses moindres détails, et l'on y apprend peut-être à mieux connaître la Rome domestique d'autrefois que dans Rome elle-même.

Les monuments étrusques sont, comme les monuments romains, répandus dans toute l'Italie ; mais c'est de Florence à Naples, et principalement entre Florence et Rome, que l'on a découvert d'inépuisables mines de richesses en ce genre. C'est donc surtout dans les musées de ces villes que l'on peut refaire l'histoire de cette belle civilisation étrusque, qui finit par triompher de la barbarie romaine, qui l'avait vaincue et qui voulait l'étouffer.

Jusqu'ici, à Rome comme à Florence, la plupart de ces monuments de l'art étrusque se trouvaient dispersés sans ordre dans les musées, confondus avec une foule d'objets d'art, il est vrai, mais qui leur étaient complètement étrangers. Naples seule avait un commencement de musée étrusque. Elle le devait au goût éclairé de la reine Caroline Murat, cette femme supérieure qui, ainsi que son frère, possédait à un si haut degré le sentiment du grand et du beau ; mais ce musée de Naples, fort augmenté depuis, ne renferme guère que des urnes, des coupes et toute espèce de poterie étrusque, mêlées aux vases grecs, campaniens et calabrais, parmi lesquels brillent au premier rang les admirables vases de Nola [1] : on n'y voit ni meubles, ni bronzes, ni statues.

Depuis les excellents travaux de Visconti, d'Hamilton et d'Inghérami, les archéologues et les savants italiens ont changé d'allure, la netteté et la précision ont remplacé leur incroyable et nuageuse prolixité. Nous ne sommes plus au temps où l'historien d'Herculanum, monsignor Bayardi, arrivé à la fin du deuxième volume de son histoire, après plus de onze cents pages in-4° d'impression, atteignait à peine l'époque où Hercule délivra Thésée des prisons d'Edonnée et de Pluton. De nos jours, on va droit au but et l'on recherche tous les moyens de l'atteindre.

L'ordre a paru le plus assuré de ces moyens ; l'exemple de Naples n'a donc pas été perdu ; les antiquaires romains ont mis à profit l'idée de la formation d'un musée étrusque et l'ont développée. Le Vatican et les divers musées nationaux renfermaient des trésors, de ce genre, recueillis dans les villes étrusques qui font partie des domaines du Saint-Siège : Todi, Bolsena, Cerveteri, Norcia [2], ou qui provenaient des collections dont l'évêque de Chiusi, Barbagli, avait fait don au cardinal Gualteri, et qui depuis étaient passés à la bibliothèque du Vatican. Ces richesses n'avaient été ni classées ni rendues publiques ; à peine en connaissait-on l'importance. On proposa donc de les réunir dans celles des onze mille salles du Vatican qui étaient restées vacantes. Le pape actuel, qui aime les arts comme tous les Italiens éclairés, sourit à l'idée d'attacher son nom au nouveau musée, et s'empressa d'accueillir ce projet qui sur-le-champ fut mis à exécution. Les collections éparses furent rassemblées, dépouillées et classées dans les salles du grand cintre, voisines du Belvédère ; c'est ainsi que fut fondé le plus nouveau et peut-être le plus curieux des musées romains.

Cette collection se compose de tombeaux et urnes funéraires, de statues de péperin, d'albâtre, de marbre et de bronze ; de terres cuites ; de vases, de coupes, de meubles et d'ustensiles de tout genre ; de bijoux, d'armes, et enfin de cette foule de petits objets de luxe qui constituent une civilisation avancée, comme l'était celle des Étrusques.

I. LES STATUES ET LES TERRES CUITES.

Ces tombeaux, ces vases et tous ces divers objets sont de différentes époques. Ceux qui les ont classés se sont efforcés, autant que le leur permettait l'emplacement dont ils pouvaient disposer, de suivre dans leur arrangement l'ordre le plus naturel, c'est-à-dire de prendre l'art et la civilisation à leur enfance, et d'en montrer, par des productions de chaque époque, le développement, la maturité et la décadence. Malheureusement cette classification n'est encore qu'ébauchée pour l'ensemble de la collection ; dans les seules salles des urnes funéraires, des tombeaux et des terres cuites, elle a été suivie avec quelque rigueur.

Les premières salles du musée contiennent naturellement les monuments des premiers temps de l'art étrusque. Ce sont des tombeaux du travail le plus simple, pour ne pas dire le plus grossier, en pierre brute, et recouverts de longues figures en péperin, en terre cuite, quelquefois en marbre. Ces statues naïves rappellent d'une manière étonnante, dans leur incorrecte simplicité, les statues gothiques ou byzantines qui décorent les porches de nos cathédrales. C'est le même travail mesquin et cependant *cherché* dans les draperies, disposées comme les rochets de nos prêtres, et dont les plis droits et parallèles semblent creusés avec un râteau de fer ; la même incorrection et le même manque de science dans les attaches et le modelé, les mêmes formes pauvres et allongées qui donnent à l'ensemble de la figure l'apparence d'une quenouille. Ces rudes ébauches d'un art à son enfance remontent à l'origine de la société étrusque, à cette période où la nouvelle colonie, naturellement commerçante, en relation avec les Égyptiens, alors à l'apogée de leur puissance, les imitait dans ses mœurs et dans ses arts. Les statuettes en glaise noire trouvées en si grand nombre dans les premiers tombeaux de la nation semblent, à la coiffure près, calquées sur les modèles égyptiens de l'époque des Pharaons. Vous retrouvez dans l'ensemble de ces personnages les positions contraintes et raides des statues égyptiennes, la forme ovale et oblongue de leurs têtes, leurs yeux tirés en haut vers les coins, toujours obliquement à l'os du nez, leur bouche large et souriante et leurs pommettes saillantes. Les cheveux réunis derrière la tête dans une espèce de poche qui ressemble étonnamment aux bourses de nos coiffures du dernier siècle, ou séparés en longues tresses qui forment deux crochets sur la poitrine et tombent le long des reins

Frédéric Mercey

jusqu'aux talons, diffèrent seuls des modèles de l'Égypte. Le travail des statues de péperin ou d'argile qui décorent les tombeaux est plus indépendant de l'imitation égyptienne ; elles se rapprochent davantage des sculptures chinoises et mexicaines, et plus encore, comme nous venons de le dire, des premières statues gothiques. L'enfance de l'art est partout la même.

On voit, dans ces salles des tombeaux, un grand nombre de petites urnes d'albâtre destinées sans doute à renfermer des cendres et ornées de figurines et de bas-reliefs d'un travail plus incorrect que celui des statues des grands tombeaux. Ces urnes sont encore de l'école archaïque étrusque, mais ce travail fort imparfait est cependant facile, et facile jusqu'à la négligence. Ce sont autant d'ouvrages qu'on pourrait appeler *de pacotille*, Chiusi, Pérouse et surtout Volterre étaient les principales fabriques de ces tombeaux. Les ateliers de Volterre surtout étaient fameux ; leurs nombreux ouvriers trouvaient d'abondants matériaux dans les riches veines d'albâtre que renferment les contreforts de l'Apennin voisins de la ville. Cette école fut transitoire ; elle remplit l'espace intermédiaire entre l'école archaïque et l'école hellénienne qui suivit. Les groupes et les bas-reliefs qui accompagnent ces tombeaux offrent la représentation de sujets nationaux, retracent des actions héroïques dont l'histoire ne nous a pas conservé le souvenir, ou ont trait à d'antiques superstitions locales. Le sujet le plus répété de ces bas-reliefs, c'est la lutte du bon et du mauvais principe, telle que la concevaient les anciens Étrusques d'après les Orientaux. Leurs artistes d'ordinaire se montrent peu scrupuleux sur l'exactitude et la réalité des détails des scènes qu'ils représentent. Par une sorte d'anachronisme commun à toutes les écoles primitives, ils donnent leurs vêtements et leurs armes aux personnages d'autres nations et d'époques antérieures, ou bien ils décorent le fond de leurs compositions d'édifices et de monuments empruntés à leurs villes ; ainsi, dans un bas-relief représentant la mort de Capanée, l'artiste, au lieu de la porte de Thèbes, a figuré la porte de Volterre, telle qu'elle subsiste encore de nos jours [3].

Beaucoup de ces petits tombeaux sont semblables et ont dû sortir du même atelier. Les statuettes accroupies sur leurs couvercles portent le même costume, et sont dans la même position. Elles offrent du reste une singularité qui doit être signalée. Chez quelques-unes, le buste est d'une étude délicate et consciencieuse ; on reconnaît des portraits dont la ressemblance a dû être grande ; chez d'autres, ce buste est informe et à peine ébauché. On en a enfin trouvé un petit nombre où le bloc qui doit former la tête n'est pas même dégrossi. Il est probable que cette imperfection était calculée, et que l'artiste exposait en vente son ouvrage inachevé, attendant pour terminer le buste qu'il pût lui donner la ressemblance que désirerait l'acheteur.

Dans ces premières salles, on voit aussi des statues et des bustes de diverses époques, mais dont la plupart sont contemporains des tombeaux. Ces statues et ces bustes sont des portraits de personnages inconnus, d'un caractère grand et simple, mais parfois aussi d'une étude sèche et voisine de la puérilité. Dans beaucoup de ces morceaux, la froideur de l'époque égyptienne a déjà fait place à une recherche d'attitude qui arrive à la violence et à la gêne : les draperies sont toujours collées au corps, et leurs plis parallèles et comptés ; cependant elles sont moins amples et laissent à découvert des membres entiers et quelquefois même une grande partie du corps. L'étude de ces parties nues est singulière : les muscles sont enflés et tendus à se rompre, les os se montrent et percent les chairs. Il semble que les artistes de cette seconde époque aient travaillé sur des modèles écorchés. On n'a donc pas eu tort de dire que le génie de Michel-Ange perçait déjà dans la manière de ses ancêtres, mais c'est le génie de Michel-Ange s'échappant avec effort des bandelettes égyptiennes où il a été longtemps captif. Dans les monuments de cette seconde époque, l'archaïsme se montre encore dans sa naïve crudité.

Plusieurs de ces statues et de ces bustes sont répétés, surtout les bustes en terre cuite : le moule avait du succès et était souvent redemandé. On distingue dans le nombre une charmante tête de jeune garçon qui, par sa parfaite beauté, pourrait rivaliser avec le Faune ou l'Antinoüs.

De la salle des statues, on passe dans celle des bas-reliefs en terre cuite. Cette salle renferme plusieurs morceaux précieux, ce sont de grandes plaques carrées recouvertes de bas-reliefs estampés avec beaucoup d'adresse. Ces plaques, aux quatre coins desquelles on voit encore les trous destinés à les sceller au mur, servaient à la décoration des appartements et sont d'un art fort avancé. On doit les rapporter à la troisième période de l'art étrusque, lorsque l'influence grecque proprement dite commençait à dominer et prenait la place de ce style archaïque étrusque, analogue du style dorien qui, vers la même époque, c'est-à-dire du Ier au IIIe siècle de Rome, florissait à Sybaris, à Crotone, à Cumes et à Poestum.

Le style grec ou hellénien, qui remplaça le style toscan, ne commença guère à régner qu'après Phidias. L'influence de cette grande école athénienne devait se faire sentir chez tous les peuples qui s'occupaient d'art, et les Étrusques étaient au premier rang de ces peuples. Déjà, du temps de Phidias, on les regardait comme les plus habiles potiers du monde connu, et les meubles, les ustensiles et tous ces objets d'usage domestique qu'ils fabriquaient, jouissaient, dans toute la Grèce et l'Asie mineure, d'une réputation méritée d'élégance. Les Grecs, si adroits eux-mêmes, en étaient fort curieux. Le vieux comique athénien Phérécrates, contemporain de Periclès, voulant vanter le travail d'un candélabre, se contente de dire qu'il est tyrrhénien [4]. Cet éloge prononcé à Athènes, en plein théâtre, était d'un grand prix. Phidias lui-même avait donné à sa Minerve des sandales étrusques (an de Rome 322) ; enfin, quand les Grecs voulaient faire l'éloge d'un ouvrier habile et appliqué, ils disaient C'est un Toscan.

Les Étrusques étaient un peuple essentiellement commerçant, et tout nous porte à croire que l'art chez eux n'était qu'une branche de commerce de plus. Il est vrai qu'ils étendaient indéfiniment les applications de l'art ; aussi, comme nous venons de le voir, leurs vases, leurs meubles et les ustensiles qui sortaient de leurs fabriques, étaient-ils très recherchés. Leurs statues, mais surtout leurs bas-reliefs, également appréciés, trouvaient des acheteurs dans toute l'Italie et même en Grèce. Phidias ayant opéré dans l'art une révolution complète, et donné à la statuaire grecque une prépondérance décidée, le culte de la nature fit place au culte de la beauté, et l'on rechercha plutôt la noblesse, la pureté et le grand caractère de la forme, que sa parfaite et naïve vérité. Les artistes toscans de la précédente école durent se soumettre au goût dominant ; commerçants avant tout, ils se conformèrent aux caprices des acheteurs. Cette révolution dans l'art ne fut donc pas désintéressée, mais eut lieu sous l'influence d'un esprit mercantile qui ne nuisit cependant pas à son excellence. Cette révolution ne fut du reste parfaitement accomplie que du jour où Rome, déjà victorieuse des Étrusques, conquit la Sicile et puisa dans Syracuse les modes grecques (an de Rome 541). Dès-lors l'hellénisme domina dans la littérature, les arts, et même dans les mœurs des peuples qui lui étaient soumis. Cette école étrusque hellénienne fut la plus durable et la plus féconde peut-être de toutes celles qui se succédèrent sur le sol de l'Italie. Pline rapporte que Marcus Flavius, général romain, s'étant rendu maître de Vulcinium (Bolsena), fit transporter de cette seule ville dans Rome deux mille statues, dont l'une de cinquante pieds de haut. Cet évènement se passait vers l'an 489 de la fondation de Rome, et par conséquent aux débuts de l'école hellénienne, qui fleurit du IVe au VIIe siècle de Rome. Sa décadence ne commença que vers le milieu du premier siècle de l'ère chrétienne. Les chefs-d'œuvre de ce style sont ces belles statues de bronze qu'on croirait grecques au premier aspect, mais chez lesquelles, avec un peu d'étude, on distingue quelque chose de la vérité et du naturel primitif, et peut-être de la dureté de l'ancienne école toscane : les formes sont en effet plus anguleuses, les méplats plus larges et plus hardis, la charpente osseuse plus accusée, et en même temps les détails plus travaillés que dans les ouvrages des sculpteurs grecs. Le *Harangueur étrusque* de Florence, le *Mercure barbu* de la villa Borghèse, et les statues du *Mercure sans ailes*, du *Jeune garçon* (Putto) et du *Guerrier* du Vatican, dont nous parlerons tout à l'heure, sont de précieux *specimen* de cette manière à laquelle appartint sans aucun doute cet *Apollon* toscan colossal de la bibliothèque du temple d'Auguste, si fameux dans l'antiquité [5].

Une autre cause de la prédominance du style grec, ce fut le manque d'épopée nationale chez les Etrusques. Obligés de prendre aux Grecs leur mythologie et leurs fables héroïques, ils durent leur emprunter aussi la façon de les exprimer. Cette observation nous ramène aux bas-reliefs en terre cuite dont les plus importants représentent, sur une surface de dix pieds carrés environ, les divers travaux d'Hercule : *Hercule tuant le lion de Némée, combattant l'hydre de Lerne*, etc. C'est là surtout que l'on peut voir combien les Étrusques excellaient dans la représentation des animaux en mouvement. Pline nous apprend en effet que leurs artistes possédaient de profondes connaissances anatomiques, et qu'ils étudiaient la victime sous le couteau de l'aruspice. L'art grec n'a rien produit de plus achevé que ces bas-reliefs, et cependant ce n'était là qu'une décoration, que les pièces d'un lambris destiné à recouvrir une muraille. Quelques-uns de ces morceaux portent en effet des frises, des corniches et de petits entablements ; ce sont ceux qui formaient l'encadrement du lambris.

Eucheyra et Eugrammo, venus de Corinthe avec Démarate, du temps des Tarquins, avaient enseigné ce genre de plastique aux Étrusques, qui déjà savaient mouler des statues avec la craie ou la glaise. Le Jupiter capitolin en terre cuite et l'Hercule *fictile* dont parlent Pline et Martial, et tous ces dieux d'argile que célèbrent les poètes, lorsqu'ils veulent faire honte aux Romains du temps des Césars de leurs pompeux débordements et de leur luxe effréné, étaient autant de statues étrusques, grossières peut-être quant à la matière, mais précieuses sous les rapports du style et de l'art, à en juger du moins par les morceaux analogues que nous avons sous les yeux.

Sans vouloir établir une comparaison qui nous écarterait de notre sujet, nous dirons cependant que nous préférons ces bas-reliefs étrusques aux terres cuites si vantées de Lucca della Robbia, cet habile modeleur, qui, après deux mille ans, fit refleurir la plastique et la céramique sur le sol de l'Étrurie. Le style de Lucca della Robbia est pauvre et gêné dans son apparente grandeur, et le premier aspect de ses terres cuites est toujours désagréable. Ce qui rend ce premier aspect si déplaisant, c'est ce vernis de faïence dont elles sont uniformément recouvertes ; ce vernis luisant et cru rend toujours la forme baveuse et difficile à saisir

Les Etrusques eurent aussi leurs terres cuites peintes, mais seulement dans les premiers temps de l'art. Le style de ces grossières peintures est égyptien ; les bas-reliefs de Bolsena sont l'expression la plus sincère de cette antique et primitive manière.

II. LES VASES.

Les Étrusques, qui excellaient dans la plastique, furent naturellement d'admirables potiers. « Leurs vases de terre peints sont la merveille de l'art chez les anciens ! » s'écrie Winckelmann, et cette fois son enthousiasme est justifié.

Que de difficultés à vaincre, en effet, pour arriver à cette sorte d'irréprochable beauté des vases antiques ! Il faut modeler d'abord une argile extrêmement friable et lui donner la forme que choisit l'artiste. Ce vase qu'on ne pouvait présenter au feu qu'avec les plus grandes précautions [6], on le recouvrait ensuite d'un émail en quelque sorte insaisissable, et qu'il fallait bientôt enlever de toutes les parties que le dessin devait recouvrir. Que de science de composition et d'études de détail ne suppose pas ce seul dessin, qui souvent n'est rien moins qu'un magnifique bas-relief peint et renfermé dans un espace de quelques pouces ! Cette composition terminée, il faut la transporter du premier coup sur le vase, car l'argile, rebelle depuis la cuisson, ne souffre plus ni tâtonnements ni retouches. On a supposé, sans toutefois en donner la preuve, que les artistes étrusques se servaient de calques en cuivre [7] ; mais comment appliquer ces calques avec sûreté sur des surfaces ou convexes ou profondément concaves ? Et puis ce n'est pas d'une manière indécise, avec un à peu près de dessin, que cette composition est arrêtée sur le vase ; c'est de la manière la plus précise qui soit au monde, avec un trait de burin d'une justesse et d'une pureté surprenantes.

Le musée du Vatican renferme une grande quantité de ces vases de toutes les formes, de toutes les manières, et depuis un pouce jusqu'à quatre ou cinq pieds de haut : vases *votifs*, vases *funéraires*, vases *laraires*. Quelques-uns sont d'une exécution qui ne laisse rien à désirer ; les décrire ou en donner un catalogue serait fastidieux ; nous nous bornerons à les examiner en masse, mêlant à cet examen quelques considérations sur cette branche de l'industrie artistique des Étrusques, qui, à en juger par l'incroyable variété de ses produits, n'était pas l'une des moins importantes.

Les révolutions de la *céramique*, ou peinture sur vases de terre, furent analogues à celles de la statuaire. Seulement aux époques égypto-étrusque, archaïque-étrusque et gréco-étrusque, on pourrait ajouter une quatrième époque, celle de la renaissance des styles égyptien et archaïque-étrusque.

A l'époque égyptienne appartiennent ces vases de terre cuite de couleur brune, ornés de peintures raides et hiéroglyphiques, représentant des quadrupèdes et des volatiles, calqués parfois sur la nature, mais le plus souvent de forme étrange et monstrueuse, et où la fantaisie domine avant tout ; ce sont des griffons, des sphinx, des esprits ailés, évidemment empruntés au symbolisme égyptien. Ces vases de l'époque la plus reculée de l'art se trouvent dans les tombeaux les plus anciens, non-seulement en Étrurie, mais même dans le Latium et surtout dans la Campanie, longtemps soumise aux Étrusques. On les a attribués à des ouvriers égyptiens, mais à tort. Comme dans les peintures égyptiennes antérieures aux Pharaons, les images qui les décorent sont raides et sans mouvement ; les jambes des personnages, chez lesquels l'artiste n'a indiqué que d'une façon sommaire les principaux linéaments du corps humain, sont collées l'une à l'autre, les bras sont attachés au corps. Il n'est pas jusqu'à l'expression indienne de la physionomie de ces figures aux lèvres africaines et aux grands yeux relevés à la chinoise, qui ne semble empruntée aux peintures hiéroglyphiques de l'Égypte ; mais comme dans les statues, le costume et la coiffure en diffèrent sous plus d'un rapport et d'une manière essentielle.

Les sujets de ces peintures ne soit pas non plus absolument égyptiens. Ces vases servant aux funérailles, et du nombre de ceux que les Grecs appelaient balsamaires (λήχυτος), sont décorés de peintures appropriées à ces cérémonies. Ce sont des transfigurations de Bacchus en dieu des enfers, ou Bacchus *Zagréen*, des luttes du génie du bien contre le génie du mal. Cette lutte est figurée de différentes manières ; mais d'ordinaire le génie du bien est représenté par cet *Ized* ailé en costume babylonien qui serre entre ses mains le cou d'une autruche, oiseau consacré à Ahriman. Les Étrusques, qui entretenaient des relations de commerce avec l'Orient, lui empruntaient ses superstitions, le culte de Bacchus multiforme et à mille noms (*myriomorphos et myrionime*) et son mystique dualisme.

A cette même époque primitive appartiennent encore ces vases de terre noire qui n'ont pas été présentés au feu, mais qui doivent leur adhérence et leur solidité au vernis de plomb ou de manganèse dont on les a revêtus. Sur les anses, la base, et même sur le corps de ces vases, sont disposés des bas-reliefs estampés, représentant des sujets mythologiques, des chars et des génies ailés, des jeunes garçons et des jeunes filles les mains jointes sur la poitrine et suppliants, des offrandes aux dieux infernaux, des processions d'ombres et d'initiés aux mystères funèbres, des cérémonies d'initiation et de consécration, enfin toutes sortes de compositions se rapportant aux mystères de la vie future et à la transformation des âmes, mais toujours figurées d'après des symboles orientaux étrangers aux mythes grecs. Sur quelques-uns de ces vases, on voit représentées les divinités étrusques : Thalna (Junon), Aplu (Apollon), Hercla(Hercule), Tinia (Bacchus), grand dieu des âmes ; d'ordinaire ces divinités ont des ailes, la plupart sont armées de la foudre [8]. Sur d'autres apparaît la monstrueuse effigie de *Mantù* la magicienne, cette gorgone des Toscans qui tire effroyablement la langue, et qu'on plaçait à dessein sur ces vases funéraires, comme tant d'autres images horribles, pour terrifier les sacrilèges profanateurs des tombeaux.

La plupart de ces vases étaient, en effet, consacrés aux funérailles. Les nécropoles de Tarquinie, de Chiusi (Clusium), de Bolsena et de Cerveteri en renfermaient une quantité prodigieuse. Les grandes urnes poreuses ou *canopes*, qu'on trouve aussi dans ces mêmes tombeaux, sont de cette première époque de l'art.

Aux immobiles et symboliques figures de la période égyptienne succèdent, comme par une sorte de réaction du mouvement contre le repos, les scènes compliquées et pleines d'une énergique et féroce animation du style toscan proprement dit. Ce style, dans la peinture comme dans la statuaire, et même dans sa période archaïque, vise au mouvement et à l'expression ; la force est son caractère ; il néglige la beauté, ne fait du nu que par occasion, et non comme le style grec à toute occasion, et dans ce nu ce sont surtout les os qu'il accuse de préférence. Les artistes de cette seconde époque se plaisent à représenter des combats ; leurs guerriers, le visage tatoué comme celui des chefs zélandais, la moustache relevée et crispée, sont couverts de pied en cap d'armures travaillées, qui ressemblent singulièrement à celles de nos chevaliers du XIIe au XVe siècle. Ils combattent dans les attitudes les plus bizarres et les plus variées, et se portent de terribles coups de lance et d'épée. Cette époque a, du reste, en tout, une extrême analogie avec notre moyen-âge ; elle succède à une époque d'abstractions mystiques, de symbolisme froid, et se complaît dans l'action, dans la violence même, mettant, il est vrai, dans la représentation de ces scènes les plus emportées une précision voisine de la sécheresse et faisant du mouvement avec raideur. Il n'est pas, comme nous l'avons dit tout à l'heure, jusqu'aux habitudes de ces guerriers qui n'aient de nombreux points de ressemblance avec celles de nos paladins du moyen-âge ; leur passion pour les combats singuliers est la même ; leurs armures avec brassards et cuissards, leurs casques à cimiers élevés, hérissés de pointes, de crêtes et de longues oreilles de fer, sont pareils aux armures et aux casques de nos pères. Comme eux, les héros étrusques ont les armoiries les mieux caractérisées, témoin ce guerrier d'origine sicilienne, sans doute, de l'un des vases du musée du Vatican, qui porte, figurées en blanc sur son bouclier noir, les trois jambes trinacriennes.

Cette époque, comme celle de la statuaire étrusque archaïque, est antérieure à Phidias.

La transition de cette seconde époque à la période grecque est insaisissable, le style grec n'ayant pas détrôné de haute lutte le style toscan, mais lui ayant succédé par suite d'une lente et insensible conquête. Peu à peu les formes deviennent moins anguleuses, les muscles moins carrés, les os moins saillants ; le sujet des compositions s'adoucit et se tempère ; les guerriers perdent de leur turbulence et de leur férocité en même temps qu'ils se dépouillent de diverses pièces de leur armure. Les brassards et les cuissards tombent d'abord ; les visières se relèvent, les cimiers s'abaissent, le casque et la cuirasse accusant les formes succèdent à l'étui informe, qui les cachait ; puis le nu apparaît, envahit tout, et finit par dominer presque sans mélange. Plus le nu se montre, plus les muscles s'apaisent ; plus les os s'effacent, plus les formes s'arrondissent et se rapprochent de cette sorte de perfection que les Grecs nomment idéale. Les sujets de cette époque sont plus doux et plus riants que ceux de l'époque précédente. On rencontre bien encore quelques rares combats ; mais ce sont des tableaux paisibles que les artistes. représentent de préférence : des danses, des luttes, des chasses au lévrier ou au faucon, des courses, des jeux de toute espèce, et parfois des scènes comiques empruntées au théâtre.

La représentation des principaux incidents des mystères dyonisiaques, alors dans toute leur fureur, devient aussi très fréquente. L'époque où ce style a prévalu s'étend du IIIe au VIe siècle de Rome ; ses productions sont innombrables, et la variété de forme des vases et des sujets, représentés est infinie.

II. LES VASES.

Le musée du Vatican renferme un grand nombre de ces vases de l'époque grecque. Plusieurs sont d'une rare perfection ; le travail est simple et uniforme. Ces vases subissaient plusieurs cuissons, car la pâte en est plus ferme et plus légère, et l'émail plus brillant que dans les vases de l'époque précédente. Beaucoup de détails en blanc ou de couleur pourpre et lilas, formant parfois un léger relief et donnant aux vases l'apparence de camées, n'ont dû être appliquées, qu'au dernier feu. Souvent même, et par une sorte de falsification de l'ouvrier, ces détails, et jusqu'à des figures entières, sont peints seulement en détrempe après la cuisson. La ligue si précise qui détache les figures du fond, était, comme nous l'avons dit, burinée sur la pâte demi-molle après le premier feu. Mais quelle adresse pour conduire avec tant, d'aisance et de netteté cette ligne si correcte et si savante !

Ces vases gravés et sculptés en bas-reliefs sur des fonds de couleur et formant camées s'appelaient *murrhins*. Le prix des beaux vases murrhins était excessif. Pline rapporte en effet que Pétrone étant sur le point de mourir, et voulant déshériter Néron, son bourreau, brisa un de ces vases murrhins qu'il avait payé 300 talents [9], c'est-à-dire 900,000 francs à la plus petite évaluation du talent. Ces prix paraissent exorbitants, et cependant Pline ajoute ailleurs que, de son temps, le luxe était si prodigieux, que des vases *fictiles* furent payés plus cher encore que les vases murrhins [10].

La salle des coupes renferme de précieux ouvrages de l'époque grecque ; le galbe de ces coupes est toujours d'une légèreté et d'une délicatesse infinie, et le travail en est admirable. La plupart ont été consacrées à Bacchus et datent de l'époque où le culte de ce dieu, poussé jusqu'au plus violent fanatisme, avait envahi toute l'Italie. On reconnaît ces coupes consacrées aux deux grands yeux ronds qui les décorent.

Toutes les pièces que renferme cette salle, l'une des plus curieuses du musée étrusque, sont montées sur un ingénieux mécanisme, qui permet de les examiner sous toutes leurs faces sans les déplacer.

La dernière époque de la céramique ne commence guère que vers la décadence des rites bacchiques, à la fin du Ve siècle de Rome. Sous Jules César et Auguste, cet art se perd. On n'invente plus, on copie. C'est une époque de renaissance de l'art égyptien et de l'archaïsme toscan. Les vases des premiers temps, devenus fort rares, étaient aussi recherchés des amateurs romains que les poteries du XVe siècle et le vieux Sèvres le sont chez nous. Strabon et Suétone nous racontent qu'à diverses reprises on découvrit un grand nombre de ces vases dans les tombeaux de Corinthe et de Capoue, et qu'on les vendit à Rome au poids de l'or. Ce furent les soldats que Jules César avait colonisés dans la Campanie, aux environs de Capoue, qui les premiers trouvèrent ces précieux vases dans des tombeaux qu'ils rencontrèrent en creusant les fondements de leurs habitations. Ces vases étaient de la plus haute antiquité, et ces soldats travaillaient avec d'autant plus d'ardeur qu'ils étaient sûrs d'être récompensés de leurs peines par les découvertes qu'ils faisaient [11]. Comme nous venons de le voir, ces vieux vases fictiles obtinrent la préférence sur les vases murrhins et même sur les vases de bronze. Les tombeaux étant inviolables, il fallait une occasion extraordinaire, comme l'incendie et le rétablissement d'une ville ou le bouleversement causé par un tremblement de terre, pour faire des découvertes de ce genre ; ces trouvailles étaient donc sans prix. D'un autre côté, vers la fin de la république, les superstitions égyptiennes jouissaient d'une grande faveur. Isis et Osiris avaient détrôné Bacchus et les dieux grecs. Sous ce nouveau culte, les funérailles étaient pompeuses, et des vases en grand nombre y étaient consacrés. La céramique dut une sorte de résurrection à cette nouvelle mode. On copia le mieux qu'on put les anciens vases, on en composa de nouveaux dans le même style ; mais ces vases de terre ou de bronze qu'on trouve dans les tombeaux de ce temps-là sont aussi loin de la délicatesse et de la perfection des beaux temps de l'art qu'une copie l'est toujours de l'original.

La plupart des vases retouchés et falsifiés dont nous avons parlé tout à l'heure sont de cette époque de renaissance.

III. LES BIJOUX, LES BRONZES, LES MEUBLES.

Les Romains, jaloux oppresseurs des Étrusques, dont ils auraient voulu anéantir jusqu'à la mémoire, n'étaient, auprès de ce peuple si avancé dans les arts, que des barbares pleins de courage et d'énergie. On en a la preuve en jetant un regard sur la foule d'objets d'un travail si délicat, ustensiles, meubles, bijoux, trouvés dans la tombe de l'un des douze chefs ou *lucumons* du pays, qui régnait vers le IIIe siècle de Rome [12]. Ces objets, recueillis dans un même tombeau près de Corneto, ont été déposés dans la salle principale du musée. Les bijoux seuls, dont la valeur intrinsèque, poids de l'or, s'élève à près de 400,000 francs, sont placés au centre de la salle dans une vaste étagère en glaces, qui permet de les bien examiner, en les mettant à l'abri de la cupidité des voleurs et de la convoitise des antiquaires.

Ces bijoux, en grand nombre et appropriés à une foule d'usages, sont fort curieux. Des bagues, des cachets, des agrafes de forme ingénieuse, des bracelets en filigrane que l'on croirait chinois à la forme et à la délicatesse du travail, et des couronnes en feuilles d'or d'une légèreté merveilleuse, sont les pièces capitales de cette collection unique. Les Étrusques, il y a vingt-quatre siècles, savaient donc travailler l'or avec autant d'adresse que nos meilleurs ouvriers ; ils le filaient en perles, le tressaient en chaînes, et le réduisaient en feuilles en quelque sorte impalpables. Ils savaient aussi filer le verre. On voit, en effet, dans cette collection, des verres filés et des émaux qui rappellent les plus délicats ouvrages des verreries de Murano. Cet art des émaux leur venait sans doute des Égyptiens. Les bagues et cachets de cette collection sont ornés de pierres gravées, les agrafes et les épingles de pierres précieuses. Il y a dans le nombre une agrafe en améthyste que l'on croirait sortie de l'atelier de l'un de nos bijoutiers à la mode, tant la forme, quelque peu tourmentée, se rapproche de nos formes modernes, dites *renaissance* ; seulement l'améthyste n'est qu'arrondie et non taillée à facettes.

Le nombre des vases et des ustensiles de toute espèce trouvés dans ce tombeau est aussi très considérable. On remarque surtout à l'un des bouts de la salle un grand gril en bronze qui provient de la même fouille. Ce gril était recouvert d'une sorte de mince tissu en or battu, sur lequel, à ce que l'on suppose, étaient placés les restes du prince étrusque, dont on n'a pas découvert de traces.

Ces divers objets supposent un grand luxe et une civilisation raffinée. Quelles étaient, en effet, les richesses de ce singulier peuple, qui ensevelissait avec un de ses chefs pour un demi-million d'objets précieux ? Ces richesses devaient être immenses, car ces tombeaux sont en grand nombre, et s'ils ne renferment pas tous des trésors aussi considérables, aucun d'eux cependant n'est absolument dépouillé.

Cette même salle renferme un char étrusque en bronze et sans ornements. Les roues, avec le cercle et les vis de bronze qui les retiennent au moyeu, sont attachées au char, qui pourrait rouler encore ; le corps du char est formé de lames de bronze battu, qui paraissent fort minces, et que la hache devait facilement entamer. Ce char est très bas, très lourd, et devait être une voiture fort incommode, dure surtout, puisque le corps du char portait à vif sur l'essieu, et rendait un horrible bruit de chaudron. C'était là cependant l'équipage de guerre des héros d'Homère.

On voit aussi des braisières (*focone*) tout-à-fait semblables à celles dont on se sert encore de nos jours pour se chauffer en Toscane et dans les environs de Rome, pays sans cheminées. Nous remarquerons encore une toilette de femme, de forme ovale, ornée de bas-reliefs et de statuettes en bronze d'une charmante exécution. Ce coffre, qui renferme les pinces, les miroirs, les peignes, et tous les ustensiles de toilette d'une petite maîtresse étrusque, est porté sur quatre pieds de griffon. Ces miroirs étrusques sont très singuliers. Ce peuple, plein de goût voulait de l'art jusque sur la surface de ses miroirs ; des figures semblables à celles de ses vases et de ses coupes y sont burinées légèrement ; ces détails devaient, ce me semble, nuire au poli et à la réflexion.

Nous ne savons pas pourquoi l'on a placé dans cette salle, consacrée à la bijouterie, aux meubles et ustensiles de toute espèce, plusieurs statues et fragments de statues qu'à leur excellence on croirait grecques et du meilleur temps. La seule raison à donner, c'est que ces statues sont de bronze, et qu'on a voulu les réunir aux bronzes, dût-on placer côte à côte une marmite et un héros. Dans la salle des marbres étrusques, nous avions déjà remarqué la statue du Mercure sans ailes, qui est du meilleur goût et traitée avec cette finesse et en même temps cette largeur de modelé qui trompent l'œil et lui font prendre le marbre pour de la chair. Nous avions aussi admiré dans les bas-reliefs plusieurs torses d'une souplesse et d'une passion qui rappellent les plus précieux ouvrages grecs. Notre surprise n'a cependant pas été moins complète, lorsque dans cette salle des bronzes, après avoir examiné une foule d'objets secondaires, nous nous sommes tout à coup trouvé en présence de la statue d'un guerrier étrusque. Cette statue, de la pose la plus naturelle, est revêtue d'une armure grecque, ou peu s'en faut, qui ne laisse voir que le cou, les jambes et les bras ; mais ces seules parties nues peuvent lutter avec les chefs d'œuvre de la statuaire antique du musée des Studi à Naples ou du Vatican. Ce bronze se meut et palpite. Ces jarrets se tendent et vont plier ; le doigt s'enfoncerait dans ces chairs fermes et vivantes. Nous avons vu à Naples et à Florence d'autres statues étrusques fort vantées, mais aucune qui puisse le disputer pour la vérité, la perfection, l'idéal même, dans son repos et son apparente froideur, avec le guerrier étrusque du Vatican. Ce bronze est digne d'être placé à côté des plus beaux morceaux de la sculpture grecque, du Faune, de l'Hercule, ou des admirables bronzes d'Herculanum. Il leur est cependant antérieur de plusieurs siècles. Son style simple, naïf et précis, indique en effet le passage du style étrusque à l'époque hellénienne. Peut-être même un œil exercé retrouverait-il quelque chose d'égyptien dans cet ensemble si calme de la statue, dans ses membres rapprochés du corps et d'un mouvement un peu anguleux. Cette statue a été trouvée à Todi ; on lit à sa base une longue inscription en langue étrusque.

Non loin de la statue du guerrier, on voit un bras colossal pêché dans le port de Civita-Vecchia. Ce bras est-il étrusque ? Il est permis d'en douter. Il appartenait à une statue de dix-huit à vingt pieds de haut. Il est, du reste, admirable de force et de grandeur. C'est beau comme Phidias, et cependant ceux qui coulèrent la statue à laquelle il appartenait, ne connaissaient que la partie extérieure de leur art et étaient de très mauvais fondeurs, comme on peut le voir par l'inégalité d'épaisseur des diverses parties de ce fragment et par les scories grossières dont l'intérieur est tout rempli. Mais j'ai tort de dire qu'ils ignoraient leur art, car il fallait déjà l'avoir poussé presque à ses limites pour arriver à cette perfection ; la dimension colossale de la statue était peut-être la seule cause de ces imperfections, invisibles du reste, puisqu'elles étaient intérieures. Ces gens-là savaient leur art, ils en ignoraient seulement les procédés matériels et économiques.

Plusieurs autres salles contiennent des copies de peintures étrusques qui servaient à la décoration des murailles, et qu'on croirait égyptiennes. Ces peintures, ou plutôt ces grandes enluminures, sont surtout remarquables par l'éclat du coloris. Les sujets sont analogues à ceux des premières époques de la statuaire et de la plastique.

Ces mêmes salles contiennent d'énormes vases, cruches, amphores, etc., servant à renfermer l'huile, le vin et les grains. Le travail en est grossier. Les rares ornements qui les décorent étaient appliqués par estampage sur la pâte molle. Ces ornements représentent des fleurs, des animaux, et l'on voit que souvent l'ouvrier peu habile, en appliquant le moule sur la pâte, l'a laissé glisser quelque peu ; de là, le manque de parfaite régularité de ces ornements, qui souvent fléchissent sur les bordures.

IV. LES SÉPULTURES ÉTRUSQUES.

En sortant de ces salles, le *cicérone* obligé allume une torche, ouvre une porte, et vous introduit dans une espèce de petite chambre basse et obscure où, pendant le premier moment, il est impossible de rien découvrir. C'est cependant la salle la plus curieuse peut-être du musée étrusque, car ce recoin si sombre n'est rien moins que la copie de grandeur naturelle et parfaitement exacte, et en quelque sorte le *fac-simile*, de ce tombeau du chef étrusque découvert à Corneto, dans lequel on a trouvé une multitude de vases, d'objets curieux et toute une boutique d'orfèvrerie. Mais, avant de décrire ce tombeau, il est nécessaire, pour en faire mieux comprendre la disposition, d'entrer dans quelques détails sur les sépultures étrusques, qui semblent autant de musées souterrains.

Les Étrusques, comme la plupart des autres peuples, creusèrent d'abord de simples fosses dans lesquelles ils déposaient les morts. Ils ensevelissaient à leurs côtés leurs armes, leurs meubles et leurs idoles d'affection ; les vases qu'on trouve dans ces fosses sont de terre noire et d'un travail grossier ; c'est l'enfance de l'art et le commencement de la nation.

Aux fosses succédèrent les *cuniculi* ; c'étaient des couloirs horizontaux creusés à une grande profondeur. Ces couloirs ou galeries aboutissaient à un puits rond ou carré. Ce puits, renfermant plusieurs étages de couloirs convergeant tous au même centre, était commun à la ville ; chaque famille avait son couloir où elle ensevelissait ses morts. Quand toutes les places du couloir étaient occupées, on en fermait l'entrée avec une grosse pierre ; lorsqu'enfin tous les couloirs d'un même puits étaient remplis, on comblait ce puits, ou bien on roulait un rocher sur son ouverture ; de cette façon, les cadavres, profondément cachés dans les entrailles de la terre, étaient nécessairement inviolables.

Ce genre de sépulture date encore des premiers temps de la nation, on l'a reconnu à la grossièreté des ouvrages déposés auprès des morts. En se civilisant, les Étrusques remplacèrent les fosses et les *cuniculi* par des chambres sépulcrales qu'ils creusaient dans le roc vif ou dans la terre la plus compacte, sur les pentes des montagnes, le long des fleuves, mais toujours le plus près possible des villes, dans lesquelles les lois étrusques défendaient les inhumations. On choisissait aussi de préférence le voisinage des routes fréquentées des voyageurs. Cette coutume était rationnelle chez les Grecs et les Romains, qui mettaient, en dehors du tombeau, l'épitaphe du mort ; mais on a peine à l'expliquer chez les Étrusques, qui plaçaient cette épitaphe en dedans, et qui se gardaient bien de trahir, par aucune décoration extérieure, le mystère de ces sépultures souterraines [13].

Ces chambres sépulcrales étaient proportionnées à l'importance de la famille qui les avait fait creuser. Elles se composaient habituellement d'une seule pièce, et plus rarement de plusieurs salles et cabinets. Ces chambres étaient garnies de lits funéraires taillés dans le roc, sur lesquels on déposait les cadavres ; la tête reposait sur un oreiller de pierre creusé vers le centre, de manière à l'emboîter ; les pieds du lit figuraient quelquefois des colonnes, comme dans les lits d'un *triclinium*. Tout autour du cadavre couché, on déposait des candélabres de bronze, des vases funéraires, des urnes et des ustensiles de toute espèce.

C'est une de ces chambres sépulcrales que l'on a copiée au Vatican. A la lueur de la torche du cicérone, on découvre une petite salle de quinze pieds de long sur douze pieds de large. Sur chacun des côtés de cette salle, à droite et à gauche, sont placés des lits funéraires de grandeur moyenne, et au fond, en face de la porte, un autre lit d'une plus grande dimension, celui sans doute du chef de la famille. Des vases, des couronnes en feuilles d'or et différents autres objets sont disposés autour des lits dans l'ordre et à la place où on les a trouvés. Les couronnes sont placées, à la tête des lits, sur l'oreiller de pierre ; ces couronnes ne sont qu'ébauchées avec du clinquant. Les bijoux étaient répandus autour des corps sur les lits. Les vases sont couchés confusément sur le sol, ou suspendus au mur par des clous, ou déposés dans les niches pratiquées dans la muraille au-dessus de chaque lit, et qui ont fait donner à ces tombeaux le nom de *columbaria*. Les vases, jetés sur les lits et sur la terre, avaient sans doute servi à des libations après le repas des funérailles ; ceux qui sont suspendus au mur ou placés dans des niches contenaient des aliments et des parfums, et quelquefois, les cendres des morts. Ces chambres n'étaient pas voûtées, mais recouvertes de grosses pierres qu'on ne soulevait qu'à la mort d'un membre de la famille, pour donner passage au corps. On les recouvrait de terre quand le sépulcre était rempli.

Les vases funéraires sont toujours en grand nombre dans chaque chambre. Du Ier au IIIe siècle de Rome, la pompe des funérailles était extrême dans l'Étrurie comme dans le Latium, où un article de la loi des douze tables avait dû même en modérer l'abus. C'était aussi l'époque de la plus grande prospérité des Étrusques, qui ne furent soumis que vers l'an 480 de Rome. Tous les amis du mort, assistant à l'enterrement et engagés au repas des funérailles, déposaient auprès de son cadavre le vase avec lequel ils avaient fait des libations ou répandu des parfums.

On s'est étonné néanmoins de la grande quantité de ces vases recueillis dans les tombeaux. On a rapproché les catalogues des diverses collections en négligeant, il est vrai, d'en retrancher les vases purement égyptiens et ceux des fabriques de l'île de Samos, confondus si souvent avec les vases toscans, mais qu'on en distingue aisément au choix et à l'exécution des sujets et même à la pesanteur ; dès-lors on les a comptés par myriades. Cette quantité a paru bien autrement prodigieuse quand on a calculé que dix vases existants en laissaient supposer mille au moins de détruits ; des esprits superficiels n'ont donc pas craint de nier l'authenticité du plus grand nombre de ces vases, les regardant comme d'ingénieuses falsifications. Ils ignoraient sans doute que, pendant plus de quatre cents ans, les fabriques de poterie étrusque avaient joui dans le monde civilisé d'une réputation égale au moins à celle que, depuis trois siècles, les porcelaines de la Chine et du Japon ont obtenue parmi nous. Ils ignoraient aussi qu'à Volterre, comme à Rome, on avait découvert plusieurs collines formées des seuls débris de rebut de ces manufactures. Pour eux, tout vase intact et sans fêlure était nécessairement falsifié. L'habileté des restaurateurs et l'adresse des pasticheurs et des copistes ont été poussées si loin, que cette accusation n'était peut-être pas absolument dénuée de fondement. Non-seulement on a imité le dessin et le coloris des vases antiques de manière à s'y méprendre, mais les falsificateurs oui encore poussé le scrupule jusqu'à donner à leurs imitations la pesanteur spécifique des originaux, et à simuler les outrages du temps. Cette falsification toutefois n'a de prise que sur des vases du deuxième et du troisième ordre, et ne peut tromper que des connaisseurs superficiels. Les antiquaires romains, mauvais plaisants de leur nature, racontent, il est vrai, qu'un de nos académiciens, fraîchement débarqué à Rome, fut conduit par un des leurs dans l'un de ces beaux magasins de vases antiques du Corso. Introduit dans une première salle, notre confiant amateur s'extasie sur la beauté des vases qu'il voit exposés. Il admire la délicatesse et la précision du dessin, la beauté du coloris des sujets représentés sur ces vases, et entame une dissertation à perte de vue sur les procédés employés par les ouvriers étrusques et leur adresse singulière. Le Romain le laissait dire. Quand le savant eut longtemps parlé : — Maintenant, voyons les originaux, lui dit son compagnon en ouvrant la porte d'une salle voisine avec un imperturbable sang-froid. Un coup de foudre n'eût pas produit un plus terrible effet sur le malheureux savant.

Nous croyons plus ingénieuse que fondée cette critique de la légèreté des jugements français. Sans doute, et même en parcourant les salles du musée du Vatican, on est quelquefois exposé à prendre une copie pour un original, tant la restauration de quelques objets, des coupes par exemple, a été *complète* ; mais jamais on ne pourra commettre d'erreur sur les morceaux du premier ordre, pour peu qu'on ait, je ne dirai pas la science d'un antiquaire, mais seulement le tact de l'artiste.

Frédéric Mercey

NOTES.

1.   Deux de ces vases sont surtout remarquables : l'un d'eux représente la Dernière nuit de Troie, l'autre une Bacchanale. La bacchanale est charmante, mais un peu sérieuse. Je préfère la Nuit de Troie. Cependant le galbe du vase manque peut être de légèreté ; les peintures qui le décorent sont exécutées avec trois couleurs ; l'artiste a seulement indiqué les blessures avec un peu de vermillon. Chacun de ces vases a été payé 15,000 piastres (80,000 fr.). En lisant ce chiffre, beaucoup de gens ne douteront plus de leur mérite.

2.   Ces villes sont bâties dans le voisinage ou sur l'emplacement des villes étrusques Tuder, Vulcinium, Coere, Nursia.

3.   Micali, 276, c. XXV.

4.   Ap. Athen., XV, 18.

5.   Pline, XXXIV. — Cette statue avait cinquante pieds de haut. Ne serait-ce pas ce même colosse enlevé à Vulcinium ?

6.   Le potier le saisissait à la base et près du cou avec deux petites branches eu fer et le plaçait dans un fourneau recouvert et isolé. Une vignette du second volume du voyage de l'abbé de Saint-Non dans le royaume de Naples, exécutée d'après une cornaline antique, nous représente un de ces fourneaux dans lequel le potier va placer un vase.

7.   Caylus, Rec. d'antiq. 86.

8.   Neuf divinités étrusques portaient la foudre en main : Apollon, Hercule, Bacchus, Mars, Vulcain, Pan, Cybèle, Pallas et l'Amour.

9.   T. Petronius consularis moriturus… trullam murrhinam trecentis talentis emptam fregit. '(Plin., Hist. Nat., I. XXXVI.)

10.   Plin., Hist. Nat., I. XXXV.

11.   Suetone, In Jul. Coes. c. XVIII.

12.   L'Étrurie était partagée en douze provinces ; chacune avait un chef ou lucumon ; l'un d'eux jouissait d'une autorité plus grande que les autres. Les lucumons s'asseyaient en public sur une

chaise d'ivoire, étaient précédés par douze licteurs, et portaient une tunique de pourpre brodée d'or et un sceptre avec un aigle au bout.

13.   Il y a cependant quelques exceptions à cette règle, mais seulement dans les nécropoles ou réunions de tombeaux. Par exemple, la roche qui contient les célèbres tombeaux du Val d'Asso est ornée de divers détails de sculpture architectonique, et à son sommet on voit gravés en grandes lettres étrusques ces mots :

SAUFS ET EN PAIX.

A Bolsena, on distingue quelques restes d'architecture qui laisseraient croire à l'existence d'une décoration visible à distance. À Norcia, sur le rocher dans lequel les tombes sont creusées, on voit un timpan avec une figure en relief d'un assez bon ciseau.

www.ingramcontent.com/pod-product-compliance
Lightning Source LLC
Chambersburg PA
CBHW050255230526
45470CB00005B/2275